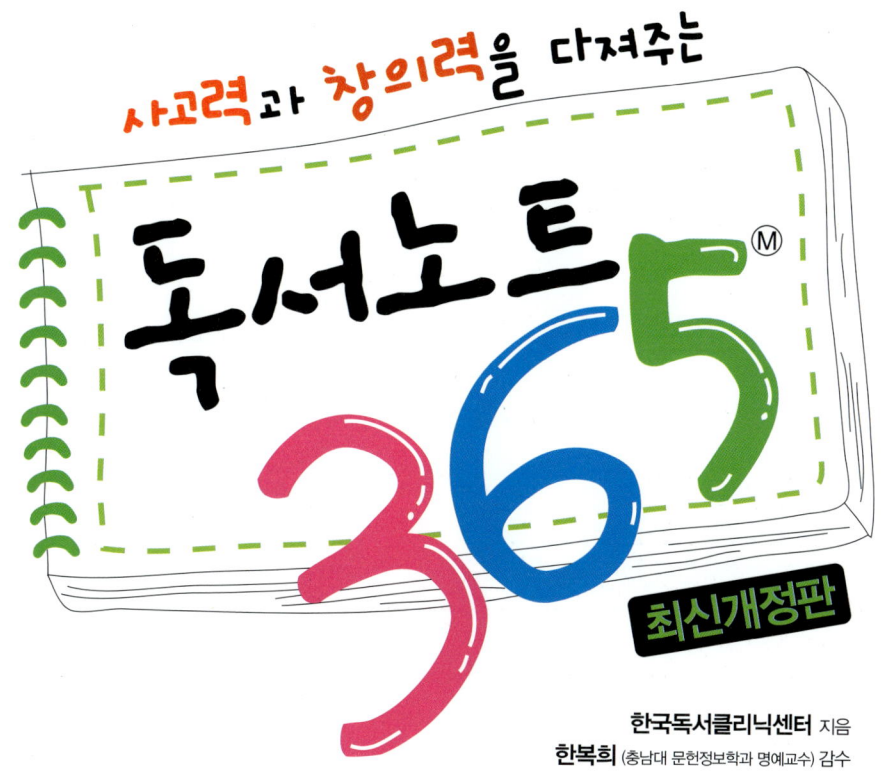

사고력과 창의력을 다져주는

독서노트 365

최신개정판

한국독서클리닉센터 지음
한복희 (충남대 문헌정보학과 명예교수) 감수

랭기지플러스

국립중앙도서관 출판예정도서목록(CIP)

독서노트 365 / 지은이 : 한국독서클리닉센터 ; 감수 : 한복희
. -- 개정1판. -- 서울 : 랭기지플러스, 2015
    p. ;   cm
대상 학년 : 초등 3~6학년
ISBN 978-89-5518-650-5 73370 : ₩5900

독서 기록[讀書記錄]
029-KDC6   CIP2015004976

MY FAMILY TREE

우리 가족의 사진으로 예쁘게 꾸며 보세요.

_____년 _____월 _____일 ~ _____년 _____월 _____일
_____초등학교 _____학년 _____반 이름_____

'독서노트 365' 어떻게 사용할까요?

사람들은 글을 쓰고, 뭔가를 기억해낼 때 가장 먼저 나온 것, 가장 나중 것, 연관되는 것, 두드러진 것, 복습한 것을 더 잘 기억해낸다고 합니다.

'독서노트 365'는 좋은 책을 읽고 잘 기억하기 위하여 듣기, 말하기, 읽기, 쓰기의 방법을 고루 사용하도록 만들었습니다.

책을 읽은 후 '독서일기'를 쓰면, 그냥 책만 읽는 것보다 훨씬 머리에 오래 남고, 생각도 깊이 하게 됩니다. 읽는 능력, 쓰는 능력, 이해력이 무럭무럭 자라죠.

'독서노트 365'는 일주일에 한 권씩 책을 읽으면서 1년간 사용하도록 꾸며졌습니다.

혼자서 해도 좋고, 모르는 것은 부모님의 도움을 받아도 좋습니다.

초등학교 3~6학년 학생들이 사용하면 되구요, 순서대로 쓸 필요는 없습니다. 읽은 책의 내용에 맞춰 마음 내키는 대로 원하는 페이지에 기록하면 됩니다.

그렇다고 꼭 일주일에 한 권만 읽을 필요는 없어요.

일주일에 두 권 이상 읽는 어린이는 일주일간 읽은 책 중 가장 좋았던 책을 기록해도 좋습니다.

하루에 한 권씩 읽는 어린이는 두 번 이상 읽은 책을 기록해도 좋겠죠?

'독서노트 365'를 통해서 좋은 책, 제대로 읽고 쓰는 습관을 들입시다!

'독서노트 365'를 활용하는 학부모와 선생님들께

아동들은 독서를 통하여 모든 학습의 기초능력을 키워 나갑니다. 책을 읽어가면서 나만의 생각을 정리해보는 글쓰기 연습은 **독창적인 사고력**을 기를 수 있는 좋은 방법입니다. 따라서 아동들에게는 꾸준한 독서와 글쓰기 활동이 중요합니다. '독서노트 365'는 이러한 점을 염두에 두고 만든 책입니다.

'독서노트 365'의 활용방법을 설명하면 다음과 같습니다.

먼저 '독서노트 365'는 **개인지도와 집단지도**에 모두 활용할 수 있도록 하였습니다. 그리고 아동들이 읽은 모든 책을 대상으로 독서노트를 작성하는 것은 아닙니다. 아동들이 읽은 책 중에서 재미있게 읽은 책, 감동 깊게 읽은 책, 몇 번 읽을 만한 책, 정리해두면 좋을 책 등을 중심으로 '독서노트 365'에 제시된 독후활동 중에서 적합한 것을 선별하여 활용할 수 있도록 하였습니다. 글을 빨리 쓰지 못하는 어린 아동들에게는 묻고 대답하는 형식으로 진행할 수 있으며, 글을 잘 쓸 수 있는 아동들은 생각 정리를 도와주면서 적합한 활동으로 유도하여 **글쓰기 연습장**으로 활용할 수 있습니다. 예를 들어 삼행시 짓기의 경우 자기 이름 세 글자를 따서 짧은 글짓기를 할 수도 있고, 읽은 책의 주인공 이름이나 책 제목, 장소명의 글자를 따서 활용할 수도 있을 것입니다. 짧은 글짓기는 의외로 창의력을 키우고 아주 짧은 시간에 생각을 정리하는 연습이 됩니다.

여러 권의 책을 읽고 그 중에서 일주일에 한 권 정도를 선택하여 적합한 독후활동을 꾸준히 하여 1년 동안 '독서노트 365'를 다 쓰도록 지도해 보세요. 그리고 읽어야 할 책의 칸을 모두 채우면 선생님이나 부모님이 표창장과 선물을 준비하여 친구나 가족들 앞에서 시상식을 해주세요. 한 글자에 대하여 한 줄의 짧은 글짓기에서 시작된 글쓰기는 이제 한 글자에 대하여 10줄 정도, 그리고 고학년의 경우 원고지 6~9장도 거뜬히 써낼 수 있게 될 것입니다. 단 억지로 시키지는 마세요. 또한 개인 차이가 있음을 염두에 두어야 합니다. 1분 스피치와 같이 읽은 내용에 대해 말을 하는 시간을 주어 말을 많이 하도록 해보세요. 할 말이 많아지면 쓸 내용도 많아지는 법입니다. 매일 밥을 먹듯이 책 읽기를 꾸준히 하고, 일기를 쓰듯이 아동들에게 무엇인가를 쓰는 습관을 키워주세요.

단언하건대 좋은 책을 골라서 정독하여 읽고, '독서노트 365'를 활용하여 꾸준한 쓰기 연습을 한다면 창의력과 자기주도적 학습 능력을 키우는 가장 좋은 방법이 될 것입니다.

책을 읽으며 꿈을 키우는 어린이

올바른 독서태도

독서는 바른 자세로 해야 합니다.
자세가 바르지 못하면 나중에 몸이 아파서 고생하게 됩니다.
어릴 때부터 독서 자세를 바르게 하세요.

- 앉을 때는 의자의 앉는 면과 등받이가 엉덩이에 닿게 당겨서 앉습니다.
- 눈과 책 사이의 거리는 약 30cm가 좋습니다.
- 너무 어두운 곳에서는 책을 읽지 않습니다.
- 움직이는 차 안이나 걸어다니면서 책을 읽지 않습니다.
- 도서관이나 교실 등 여럿이 독서할 때는 다른 사람에게 방해되지 않도록 조용히 읽습니다.
- 등을 구부리거나 고개를 책에 바짝 대고 읽지 않습니다.
- 밥을 먹으면서 책을 읽지 않습니다.
- 책 속의 그림만 보지 말고 글과 그림을 연결하여 읽도록 합니다.
- 읽기 시작한 책은 되도록 끝까지 다 읽도록 합니다.

독서위생

책은 여러 사람이 사용하기 때문에 깨끗이 읽어야 합니다.
책을 깨끗이 사용하기 위해서는,

- 책을 읽기 전에 손을 씻으세요.
- 손에 침을 묻혀 책장을 넘기지 말아요.
- 음식을 먹으면서 읽는 건 나쁜 습관이에요.
- 낙서나 밑줄은 참으세요.
- 책을 다 읽지 못했을 때는 책장을 접지 말고 읽은 곳에 책갈피를 끼워둡니다.

동화는 어떻게 읽어야 할까요?
- 누가, 언제, 어디서, 무엇을, 어떻게 하고 있는지 살피며 읽습니다.
- 이야기의 짜임이 어떠한가를 머릿속으로 생각하며 읽습니다.
- 등장인물의 성격과 행동을 잘 살펴봅니다.
- 가장 재미있고 감명 깊었던 곳을 찾아봅니다.
- 동화가 주는 가르침이 무엇인지 생각해봅니다.

동화를 읽고 독서감상문을 어떻게 써야 할까요?
- 여러 독후감을 쓰는 방법 중 알맞은 것을 선택하여 씁니다.
- 등장인물의 성격과 행동을 씁니다.
- 가장 감동적인 부분(안타까운 부분, 슬픈 부분, 기쁜 부분, 아름다운 부분 등)을 씁니다.
- 등장인물과 나를 비교해 보고 나라면 어떻게 했을지 생각해 봅니다.
- 이 책이 나에게 주려고 하는 교훈은 무엇인지 씁니다.

책을 읽는 방법

독서의 방법에는 음독, 묵독, 정독, 다독, 통독, 발췌독이 있습니다.

-음독은 소리를 내어 읽는 방법으로, 다른 사람이 알아듣도록 읽어야 하거나, 문자나 말을 확인하며 읽는 방법입니다. 동요, 동시집, 우화집, 구연동화집, 웅변 연설문집 같은 종류의 책은 소리를 내어 읽는 것이 보다 효과적입니다. 저학년 학생은 음독을 많이 합니다.

-묵독은 소리를 내지 않고 눈으로만 읽는 독서법입니다. 내용을 생각하며 읽을 수 있고, 주위 사람에게 방해가 되지 읽으며, 읽는 속도가 빠릅니다. 묵독은 도서관, 독서실, 전철 안 등 여러 사람이 있는 곳에서 주로 읽는 방법입니다.

-정독은 자세한 부분까지 주의하여 빠진 곳이 없도록 깊이 생각하고 따지면서 읽는 방법입니다. 즉 한 권의 책을 읽더라도 차근차근 주의깊게 읽는 방법으로 시험공부를 할 때 교과서의 중요한 부분에 줄을 쳐가면서 글의 내용과 뜻을 익히면서 읽는 것입니다.

-다독은 여러 종류의 책을 깊이 읽지 않으면서 많이 읽는 방식입니다.

-**통독**은 책을 처음부터 끝가지 차례대로 차근차근 빠짐없이 읽어가며 그 내용을 자세히 기억하는 독서로 소설이나 위인전 읽기에 알맞은 방법입니다.

-**발췌독**은 한 권의 책 가운데서 꼭 필요한 부분만 찾아 골라 읽는 방법으로 사전류나 참고서 읽기에 적합한 방법입니다.

책을 읽는 시간과 습관

책상에 앉아서 책을 읽는 시간은 대략 학년에 곱하기 10분 정도가 좋습니다. 즉 1학년은 10분 동안 책을 읽고, 4학년은 40분 동안 책을 읽고 6학년은 60분 동안 계속해서 책을 읽을 수 있는 지구력을 키우는 것이 좋습니다. 공부는 습관을 키우는 것이기 때문이지요. 특히 3~4학년 이상의 학생들은 책상에 앉아 있는 시간 연습이 필요하답니다. 해당되는 시간만큼 책을 읽고 잠깐씩 쉴 수 있습니다. 노트에 몇 분 앉아 있었는지 적으면서 계획을 세워서 실천해 보시기 바랍니다.

좋은 책은 아동이 좋아하는 책으로 인쇄와 색채가 선명하고, 진실과 아름다운 상상을 심어주는 내용과 긍정적인 가치관과 올바른 지식을 담고 있는 믿을 만한 출판사에서 성실한 저자들이 써낸 책입니다.
좋은 책을 골라 정독하면서 읽고 꼭 글쓰기로 마무리해 둡시다.

동화책을 읽고 해볼 수 있는 독후활동

1. **주인공에게 편지쓰기_20**
   주인공에게 하고 싶은 말이나 궁금한 점을 편지로 써보자.

2. **독서감상화 그리기_21**
   가장 인상깊은 장면이나 주인공의 모습을 상상하며 그림을 그려보자.

3. **이야기 지도 그리기_22**
   이야기에 등장하는 인물, 사건, 장소로 생각의 그물을 엮어보자.

4. **나는 만화가_23**
   인상깊은 장면을 만화로 그리고 말풍선도 채워보자.

5. **기억에 남는 구절 모으기_24**
   마음 속에 남아 있는 구절을 책에서 베껴 적어보자.

6. **삼행시 짓기_25**
   제목, 주인공 이름, 등장인물 이름으로 삼행시를 지어보자.

7. **독서 노트 쓰기_26**
   질문에 차분하게 답을 써보자.

8. **시인이 될래요_27**
   책을 읽은 후 떠오르는 느낌을 동시로 지어보고, 바탕 그림도 그려보자.

9. **독서 퀴즈 대회_28**
   책의 내용을 바탕으로 문제 10개를 만들고, 답을 써보자.

10. **친구에게 소개하기_29**
    내가 재미있게 읽은 책을 친구도 읽도록 소개해 보자.

11. **독서감상문 쓰기_30**
    줄거리와 본받을 점을 써보자.

12. **엄마와 함께하는 동화_31**
    읽은 책에 대하여 엄마 혹은 아빠와 이야기를 나누자.

13. **일기쓰기_32**
    주인공이 되어 기억에 남는 날의 일기를 써보자.

14. **이야기 이어 그리기_33**
    일어난 사건을 차례대로 늘어놓고 이어 그리자.

15. **신문 읽기_34**
    신문 읽기도 독서! 신문을 오려 붙이고 느낌을 써보자.

16. **내가 좋아하는 동시_35**
    내가 좋아하는 동시를 적어보고, 어울리는 그림도 그려보자.

17. **상장을 드릴게요_36**
    등장인물의 훌륭한 점을 생각해보고 상장을 만들어보자.

18. **2분 스피치_37**
    책의 줄거리를 2분 이내로 요약해서 발표해보자.

19 책을 광고해보자_38
    내가 읽은 책을 소개하는 광고를 만들어보자.

20 나도 꼬마 작가_39
    책의 뒷 이야기가 어떻게 될지 상상해서 써보자.

21 선물을 드릴게요_40
    주인공에게 주고 싶은 선물을 적고, 그 이유도 써보자.

22 동화 인터뷰_41
    주인공을 만나 물어보고 싶은 것을 써보자.

23 나라면 이렇게 했을 거예요_42
    일어난 사건에 대해 내가 만일 주인공이라면 어떻게 했을지 생각해보자.

24 나와 주인공의 비슷한 점 찾기_43
    주인공과 나를 비교하여 비슷한 점과 다른 점을 찾아보자.

25 견학일지_44
    박물관, 미술관, 유적지 등 체험학습한 내용을 써보자.

26 내가 뽑은 좋은 동화책_45
    읽은 책 중에서 가장 좋았던 책을 적고, 그 이유를 써보자.

27 작가에게 편지쓰기, 작가가 되어 답장 써보기_46
    독자로서 작가에게 편지를 써보고, 내가 작가의 입장이 되어 독자에게 답장을 써보자.

28 등장인물에게 별명을_47
    읽은 책에서 등장인물 각각의 성격에 맞게 별명을 지어보자.

29 기자가 되어 기사문 작성_48
    신문에서 오린 사진 기사를 보고 상상하여 6하원칙(누가, 언제, 어디서, 무엇을, 어떻게, 왜)에 의해 기자가 되어 기사문을 작성해보자.

30 그림과 함께 만드는 글_49
    읽은 문장 중에서 단어를 그림으로 바꿔 재미있는 글을 써보자.

31 낱말 퍼즐 만들기_50
    책의 내용과 관련된 내용으로 낱말 퍼즐을 만들어보자.

32 명언 노트 만들기_51
    책 속에 나오는 주인공의 명언을 뽑아서 적어보자.

33 듣고 싶은 말, 듣기 싫은 말_52
    등장인물들이 듣고 싶어 하는 말과 듣기 싫어하는 말을 적어보자.

34 나의 성장 나무 가꾸기_53
    나의 성장 과정에 대해 생각해보자.

35 포부 명함 만들기_54
    주인공에게 포부명함을 만들어주자.

36 등장인물 표현하기_55
    등장인물을 제시된 형식으로 표현해보자.

37 주인공의 자랑거리 써보기_56
    주인공의 자랑거리를 적어보자.

38 주인공에게 편지쓰기_57
주인공에게 하고 싶은 말이나 궁금한 점을 편지로 써보자.

39 독서감상화 그리기_58
가장 인상깊은 장면이나 주인공의 모습을 상상하며 그림을 그려보자.

40 이야기 지도 그리기_59
이야기에 등장하는 인물, 사건, 장소로 생각의 그물을 엮어보자.

41 나는 만화가_60
인상깊은 장면을 만화로 그리고 말풍선도 채워보자.

42 기억에 남는 구절 모으기_61
마음 속에 남아 있는 구절을 책에서 베껴 적어보자.

43 삼행시 짓기_62
제목, 주인공 이름, 등장인물 이름으로 삼행시를 지어보자.

44 독서 노트 쓰기_63
질문에 차분하게 답을 써보자.

45 시인이 될래요_64
책을 읽은 후 떠오르는 느낌을 동시로 지어보고, 바탕 그림도 그려보자.

46 독서 퀴즈 대회_65
책의 내용을 바탕으로 문제 10개를 만들고, 답을 써보자.

47 친구에게 소개하기_66
내가 재미있게 읽은 책을 친구도 읽도록 소개해 보자.

48 독서감상문 쓰기_67
줄거리와 본받을 점을 써보자.

49 엄마와 함께하는 동화_68
읽은 책에 대하여 엄마 혹은 아빠와 이야기를 나누자.

50 일기쓰기_69
주인공이 되어 기억에 남는 날의 일기를 써보자.

51 이야기 이어 그리기_70
일어난 사건을 차례대로 늘어놓고 이어 그리자.

52 신문 읽기_71
신문 읽기도 독서! 신문을 오려 붙이고 느낌을 써보자.

53 내가 좋아하는 동시_72
내가 좋아하는 동시를 적어보고, 어울리는 그림도 그려보자.

54 상장을 드릴게요_73
등장인물의 훌륭한 점을 생각해보고 상장을 만들어보자.

55 2분 스피치_74
책의 줄거리를 2분 이내로 요약해서 발표해보자.

56 책을 광고해보자_75
내가 읽은 책을 소개하는 광고를 만들어보자.

57 **나도 꼬마 작가**_76
　　책의 뒷 이야기가 어떻게 될지 상상해서 써보자.

58 **선물을 드릴게요**_77
　　주인공에게 주고 싶은 선물을 적고, 그 이유도 써보자.

59 **동화 인터뷰**_78
　　주인공을 만나 물어보고 싶은 것을 써보자.

60 **나라면 이렇게 했을 거예요**_79
　　일어난 사건에 대해 내가 만일 주인공이라면 어떻게 했을지 생각해보자.

61 **나와 주인공의 비슷한 점 찾기**_80
　　주인공과 나를 비교하여 비슷한 점과 다른 점을 찾아보자.

62 **견학일지**_81
　　박물관, 미술관, 유적지 등 체험학습한 내용을 써보자.

63 **내가 뽑은 좋은 동화책**_82
　　읽은 책 중에서 가장 좋았던 책을 적고, 그 이유를 써보자.

64 **작가에게 편지쓰기, 작가가 되어 답장 써보기**_83
　　독자로서 작가에게 편지를 써보고, 내가 작가의 입장이 되어 독자에게 답장을 써보자.

65 **등장인물에게 별명을**_84
　　읽은 책에서 등장인물 각각의 성격에 맞게 별명을 지어보자.

66 **기자가 되어 기사문 작성**_85
　　신문에서 오린 사진 기사를 보고 상상하여 6하원칙(누가, 언제, 어디서, 무엇을, 어떻게, 왜)에 의해 기자가 되어 기사문을 작성해보자.

67 **그림과 함께 만드는 글**_86
　　읽은 문장 중에서 단어를 그림으로 바꿔 재미있는 글을 써보자.

68 **낱말 퍼즐 만들기**_87
　　책의 내용과 관련된 내용으로 낱말 퍼즐을 만들어보자.

69 **명언 노트 만들기**_88
　　책 속에 나오는 주인공의 명언을 뽑아서 적어보자.

70 **듣고 싶은 말, 듣기 싫은 말**_89
　　등장인물들이 듣고 싶어 하는 말과 듣기 싫어하는 말을 적어보자.

71 **나의 성장 나무 가꾸기**_90
　　나의 성장 과정에 대해 생각해보자.

72 **포부 명함 만들기**_91
　　주인공에게 포부명함을 만들어주자.

73 **등장인물 표현하기**_92
　　등장인물을 제시된 형식으로 표현해보자.

74 **주인공의 자랑거리 써보기**_93
　　주인공의 자랑거리를 적어보자.

○ **나의 생각**_94
　　74가지 독서 후 활동을 통해 키운 창의적이고 다양한 생각을 가지고 나만의 멋진 글을 써보자

○ **초등학생을 위한 추천 도서목록**_100

1년간 내가 읽은 책들

내가 읽은 책, 몇 점 줄까? 동그라미에 예쁘게 색칠해 보세요!!

번호	날짜	책 제목	독후활동 페이지	점수 매기기
				○○○○○
				○○○○○
				○○○○○
				○○○○○
				○○○○○
				○○○○○
				○○○○○
				○○○○○
				○○○○○
				○○○○○
				○○○○○
				○○○○○
				○○○○○
				○○○○○
				○○○○○
				○○○○○
				○○○○○
				○○○○○
				○○○○○
				○○○○○

1년간 내가 읽은 책들

내가 읽은 책, 몇 점 줄까? 동그라미에 예쁘게 색칠해 보세요!!

번호	날짜	책 제목	독후활동 페이지	점수 매기기
				○○○○○
				○○○○○
				○○○○○
				○○○○○
				○○○○○
				○○○○○
				○○○○○
				○○○○○
				○○○○○
				○○○○○
				○○○○○
				○○○○○
				○○○○○
				○○○○○
				○○○○○
				○○○○○
				○○○○○
				○○○○○
				○○○○○
				○○○○○

1년간 내가 읽은 책들

내가 읽은 책, 몇 점 줄까? 동그라미에 예쁘게 색칠해 보세요!!

번호	날짜	책 제목	독후활동 페이지	점수 매기기
				○○○○○
				○○○○○
				○○○○○
				○○○○○
				○○○○○
				○○○○○
				○○○○○
				○○○○○
				○○○○○
				○○○○○
				○○○○○
				○○○○○
				○○○○○
				○○○○○
				○○○○○
				○○○○○
				○○○○○
				○○○○○
				○○○○○
				○○○○○

1년간 내가 읽은 책들

내가 읽은 책, 몇 점 줄까? 동그라미에 예쁘게 색칠해 보세요!!

번호	날짜	책 제목	독후활동 페이지	점수 매기기
				○○○○○
				○○○○○
				○○○○○
				○○○○○
				○○○○○
				○○○○○
				○○○○○
				○○○○○
				○○○○○
				○○○○○
				○○○○○
				○○○○○
				○○○○○
				○○○○○
				○○○○○
				○○○○○
				○○○○○
				○○○○○
				○○○○○
				○○○○○

주인공에게 편지쓰기

책제목
지은이
출판사
읽은 날짜

❋ 주인공에게 하고 싶은 말이나 궁금한 점을 편지로 써보자.

_____ 에게

_____ 로부터

독서감상화 그리기

책제목
지은이
출판사
읽은 날짜

✽ 가장 인상깊은 장면이나 주인공의 모습을 상상하며 그림을 그려보자.

이야기 지도 그리기

책제목
지은이
출판사
읽은 날짜

✱ 이야기에 등장하는 인물, 사건, 장소로 생각의 그물을 엮어보자.

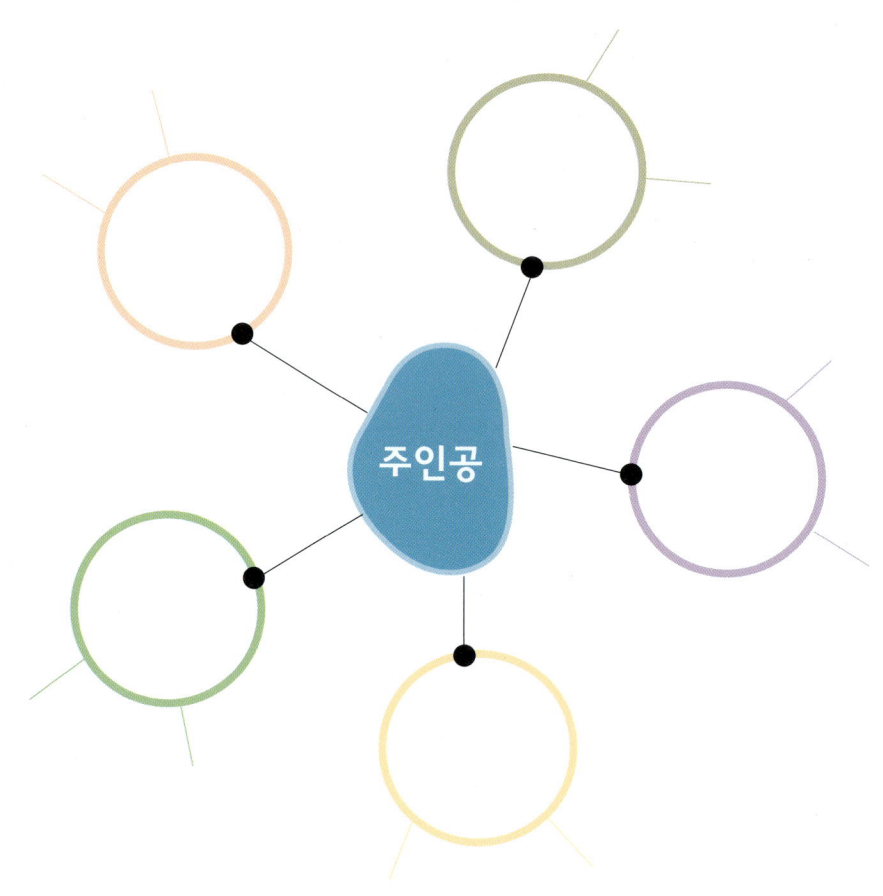

나는 만화가

책제목
지은이
출판사
읽은 날짜

✳ 인상깊은 장면을 만화로 그리고 말풍선도 채워보자.

기억에 남는 구절 모으기

책제목
지은이
출판사
읽은 날짜

✽ 마음 속에 남아 있는 구절을 책에서 베껴 적어보자.

삼행시 짓기

책제목
지은이
출판사
읽은 날짜

✱ 제목, 주인공 이름, 등장인물 이름으로 삼행시를 지어보자.

독서노트 쓰기

책제목
지은이
출판사
읽은 날짜

✽ 질문에 차분하게 답을 써보자.

● 등장인물 중 가장 마음에 드는 사람과 그 이유를 써보자.

● 등장인물 중 가장 마음에 안 드는 사람과 그 이유를 써보자.

● 주인공에 대한 나의 생각을 써보자.

● 주인공에게 어울리는 단어를 2개 이상 써서 문장을 만들어보자.

시인이 될래요

책제목	
지은이	
출판사	
읽은 날짜	

✳ 책을 읽은 후 떠오르는 느낌을 동시로 지어보고, 바탕 그림도 그려보자.

독서 퀴즈대회

책제목
지은이
출판사
읽은 날짜

✽ 책의 내용을 바탕으로 문제 10개를 만들고, 답을 써보자.

번호	문제	정답
퀴즈 1		
퀴즈 2		
퀴즈 3		
퀴즈 4		
퀴즈 5		
퀴즈 6		
퀴즈 7		
퀴즈 8		
퀴즈 9		
퀴즈 10		

친구에게 소개하기

책제목 _____
지은이 _____
출판사 _____
읽은 날짜 _____

✴ 내가 재미있게 읽은 책을 친구도 읽도록 소개해 보자. 내용이 어떤지, 어떤 부분이 재미있는지, 주인공과 내 친구와 닮은점이 있는지 소개해 보자.

독서감상문 쓰기

책제목 _____
지은이 _____
출판사 _____
읽은 날짜 _____

✳ 줄거리와 본받을 점을 써보자.

제목: _____

이야기 줄거리:

본받을점:

엄마와 함께하는 동화

책제목
지은이
출판사
읽은 날짜

✳ 읽은 책에 대하여 엄마 혹은 아빠와 이야기를 나누자.

나의 느낌

다음에 읽고 싶은 동화책

엄마(아빠)의 느낌

다음에 읽고 싶은 동화책

우리 같이 생각한 일(다짐, 각오, 약속 등)

일기쓰기

책제목
지은이
출판사
읽은 날짜

✱ 주인공이 되어 기억에 남는 날의 일기를 써보자.

　　　　　년　　월　　일　　요일　　날씨

이야기 이어 그리기

책제목 _____
지은이 _____
출판사 _____
읽은 날짜 _____

✳ 일어난 사건을 차례대로 늘어놓고 이어 그리자.

신문 읽기

책제목
지은이
출판사
읽은 날짜

✽ 신문 읽기도 독서! 신문을 오려 붙이고 느낌을 써보자.

제목:

오늘 신문에 실린 사람이나 중요한 사건의 사진을 오려 붙여보자.

● 이 사람이나 사건이 오늘 신문에 실린 이유를 써보자.

● 이 사람에게 묻고 싶은 이야기나 사건에 대한 자신의 생각과 느낌을 써보자.
  (하고 싶은 말이나 바라는 말을 써도 좋아요.)

내가 좋아하는 동시

책제목
지은이
출판사
읽은 날짜

✽ 좋아하는 동시를 적어보고, 어울리는 그림도 그려보자.

상장을 드릴게요

책제목 _____
지은이 _____
출판사 _____
읽은 날짜 _____

❋ 등장인물의 훌륭한 점을 생각해보고 상장을 만들어보자.

상 장

이름

위 사람은

20   년   월   일
채   학년   반

2분 스피치

책제목

지은이

출판사

읽은 날짜

✽ 책의 줄거리를 2분 이내로 요약해서 발표해보자.

책을 광고해보자

책제목	
지은이	
출판사	
읽은 날짜	

✻ 내가 읽은 책을 소개하는 광고를 만들어보자.
   알리고 싶은 말을 잘 생각해서 쓰고, 그림이나 사진도 넣어보자.

알리고 싶은 내용

_____
_____
_____
_____
_____
_____

광고 그림 혹은 사진

나도 꼬마 작가

책제목

지은이

출판사

읽은 날짜

✻ 책의 뒷이야기가 어떻게 될지 상상해서 써보자.

선물을 드릴게요

책제목
지은이
출판사
읽은 날짜

✽ 주인공에게 주고 싶은 선물을 적고, 그 이유도 써보자.

💕 내가 주고 싶은 선물

💕 선물을 주는 이유

동화 인터뷰

책제목

지은이

출판사

읽은 날짜

✱ 주인공을 만나 물어보고 싶은 것을 써보고, 내가 주인공이면 어떻게 대답할지 써보자.

질문(기자이름:)	대답(주인공이름:)

나라면 이렇게 했을 거예요

책제목
지은이
출판사
읽은 날짜

✱ 일어난 사건에 대해 내가 만일 주인공이라면 어떻게 했을지 생각해보자.

이런 경우엔(언제, 어디서, 누가, 무엇을, 어떻게, 왜)

이렇게 했을거예요(긍정적인 나의 생각)

이런 경우엔(결과)

이렇게 했을거예요(부정적인 나의 생각)

나와 주인공의 비슷한 점 찾기

책제목

지은이

출판사

읽은 날짜

✱ 주인공과 나를 비교하여 비슷한 점과 다른 점을 찾아보자.

비슷한 점　　　　　　　　　　　다른 점

견학일지

책제목 _____
지은이 _____
출판사 _____
읽은 날짜 _____

✱ 박물관, 미술관, 유적지 등 체험학습한 내용을 써보자.

제목 _____
견학한 날   년   월   일 (요일)
견학 장소 _____
견학 목적 _____
견학 내용(사진, 그림, 실제로 해본 것 등)

알게 된 것/느낀 점 _____
더 알고 싶은 것 _____
참고도서(약도, 안내지 등)

내가 뽑은 좋은 동화책

책제목
지은이
출판사
읽은 날짜

✱ 읽은 책 중에서 가장 좋았던 책을 적고, 그 이유를 써보자.

⭐ 기억에 남는말

⭐ 좋은 이유

작가에게 편지쓰기, 작가가 되어 답장 써보기

책제목
지은이
출판사
읽은 날짜

✽ 독자로서 작가에게 편지를 써보고, 내가 작가의 입장이 되어 독자에게 답장을 써보자.

존경하는 작가 선생님께   내 글을 사랑하는 친구에게

독자 ○○○ 올림   작가 ○○○

등장인물에게 별명을

책제목
지은이
출판사
읽은 날짜

✽ 읽은 책에서 등장인물 각각의 성격에 맞게 별명을 지어주자. (그 이유와 함께)

기자가 되어 기사문 작성

책제목 _____
지은이 _____
출판사 _____
읽은 날짜 _____

✽ 신문에서 오린 사진 기사를 보고 상상하여 6하원칙(누가, 언제, 어디서, 무엇을, 어떻게, 왜)에 의해 기자가 되어 기사문을 작성해보자.

그림과 함께 만드는 글

책제목
지은이
출판사
읽은 날짜

✱ 읽은 문장에서 단어를 그림으로 바꿔 재미있는 글을 써보자.

예) 산에는 새들이 노래해요.

➡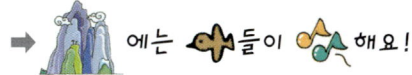

낱말 퍼즐 만들기

책제목
지은이
출판사
읽은 날짜

✽ 책을 읽고 난 후 낱말 퍼즐을 만들어 보세요.

가로 열쇠
②
④
⑥
⑨
⑩
⑪

세로 열쇠
①
③
⑤
⑦
⑧

명언 노트 만들기

책제목
지은이
출판사
읽은 날짜

✷ **책 속에 나오는 주인공의 명언을 뽑아서 적어보자.**

책에 나오는 명언

응원 메시지

책을 읽고 내가 만든 명언

듣고 싶은 말, 듣기 싫은 말

책제목
지은이
출판사
읽은 날짜

※ 이 책에 나오는 인물들이 듣고 싶어 하는 말과 듣기 싫어하는 말을 적어보자.

	듣고 싶어하는 말	듣기 싫어하는 말
등장인물 1		
등장인물 2		
등장인물 3		
등장인물 4		
등장인물 5		

나의 성장 나무 가꾸기

책제목	
지은이	
출판사	
읽은 날짜	

✻ 나의 성장 과정에 대해 생각해보고 써보자.

1) 나의 뿌리(나를 지탱하게 하는 것)

2) 나의 가지(영향을 준 것 → 인물, 선생님, 가족…)

3) 나의 잎(미래의 꿈을 키우기 위해 오늘도 노력하고 있는 것들)

4) 나의 열매[싱싱한 열매(나의 장점들), 썩은 열매(버려야할 단점들)]

포부 명함 만들기

책제목 _____
지은이 _____
출판사 _____
읽은 날짜 _____

✽ 주인공에게 포부명함을 만들어주자.

〈앞면〉

이름:

현직:

주소:

〈뒷면〉

포부:

실천과제:

등장인물 표현하기

| 책제목 |
| 지은이 |
| 출판사 |
| 읽은 날짜 |

❋ 책에 나온 등장인물을 다음 내용에 따라 표현해 보자.

표현/이유	등장인물 1	등장인물 2	등장인물 3
나무			
이유			
꽃			
이유			
내			
이유			
색깔			
이유			
계절			
이유			
동물			
이유			
음식			
이유			

주인공의 자랑거리 써보기

책제목
지은이
출판사
읽은 날짜

✱ 책의 내용을 바탕으로 주인공의 자랑거리를 적어보자.

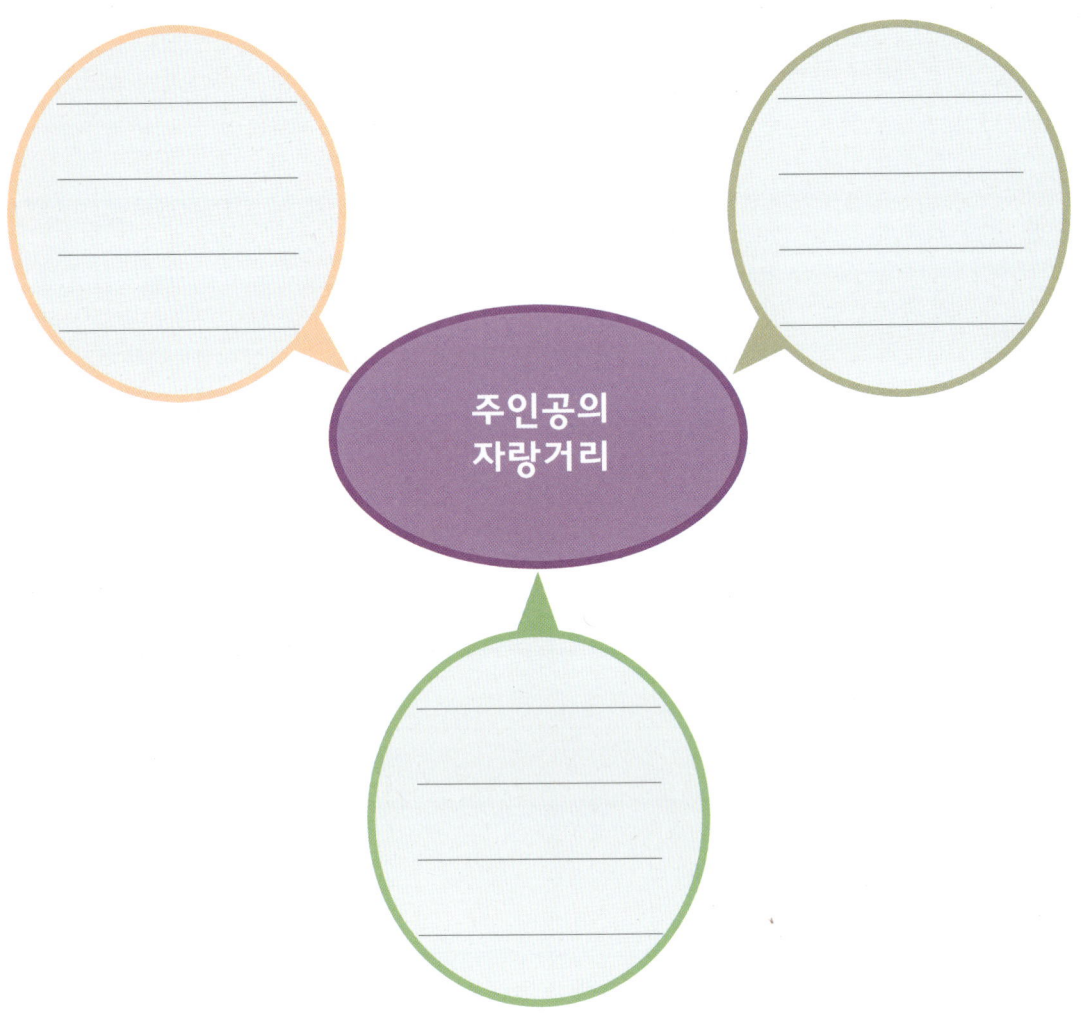

주인공에게 편지쓰기

책제목
지은이
출판사
읽은 날짜

✽ 주인공에게 하고 싶은 말이나 궁금한 점을 편지로 써보자.

_____ 에게

_____ 로부터

독서감상화 그리기

책제목
지은이
출판사
읽은 날짜

✽ 가장 인상깊은 장면이나 주인공의 모습을 상상하며 그림을 그려보자.

이야기 지도 그리기

책제목
지은이
출판사
읽은 날짜

✽ 이야기에 등장하는 인물, 사건, 장소로 생각의 그물을 엮어보자.

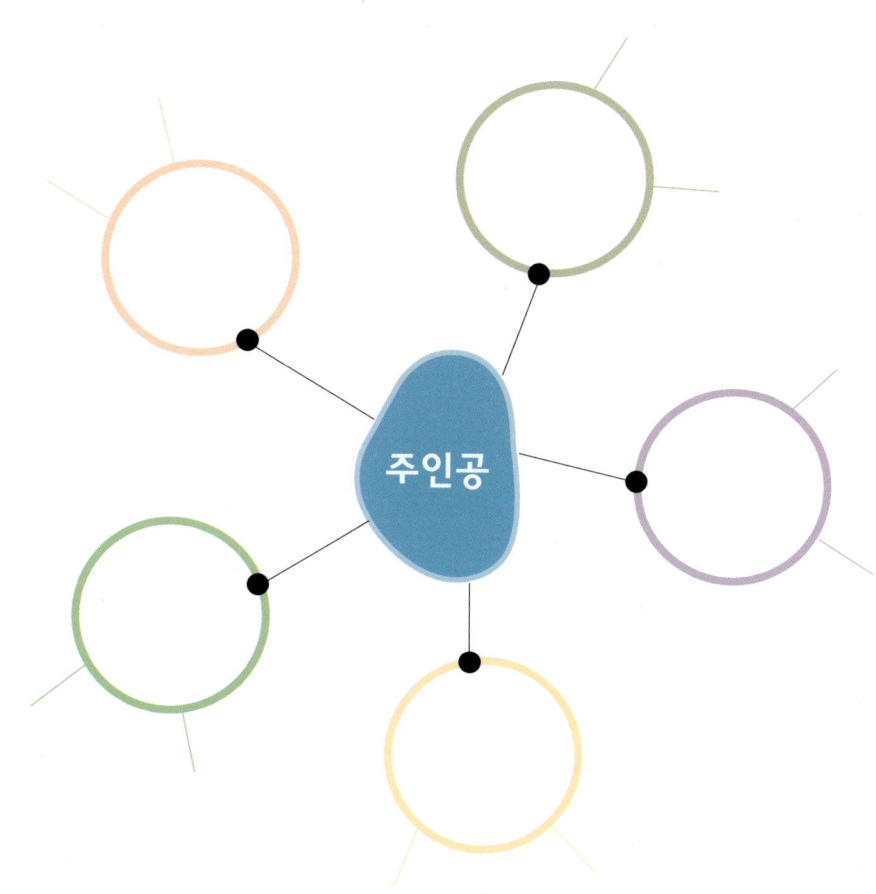

나는 만화가

책제목 _____
지은이 _____
출판사 _____
읽은 날짜 _____

✻ 인상깊은 장면을 만화로 그리고 말풍선도 채워보자.

기억에 남는 구절 모으기

책제목
지은이
출판사
읽은 날짜

✽ 마음 속에 남아 있는 구절을 책에서 베껴 적어보자.

삼행시 짓기

책제목
지은이
출판사
읽은 날짜

✱ 제목, 주인공 이름, 등장인물 이름으로 삼행시를 지어보자.

독서노트 쓰기

책제목 _____
지은이 _____
출판사 _____
읽은 날짜 _____

✳ 질문에 차분하게 답을 써보자.

● 등장인물 중 가장 마음에 드는 사람과 그 이유를 써보자.

● 등장인물 중 가장 마음에 안 드는 사람과 그 이유를 써보자.

● 주인공에 대한 나의 생각을 써보자.

● 주인공에게 어울리는 단어를 2개 이상 써서 문장을 만들어보자.

시인이 될래요

책제목
지은이
출판사
읽은 날짜

✻ 책을 읽은 후 떠오르는 느낌을 동시로 지어보고, 바탕 그림도 그려보자.

독서 퀴즈대회

책제목
지은이
출판사
읽은 날짜

✱ 책의 내용을 바탕으로 문제 10개를 만들고, 답을 써보자.

번호	문제	정답
퀴즈 1		
퀴즈 2		
퀴즈 3		
퀴즈 4		
퀴즈 5		
퀴즈 6		
퀴즈 7		
퀴즈 8		
퀴즈 9		
퀴즈 10		

친구에게 소개하기

책제목 _____
지은이 _____
출판사 _____
읽은 날짜 _____

✱ 내가 재미있게 읽은 책을 친구도 읽도록 소개해 보자. 내용이 어떤지, 어떤 부분이 재미있는지, 주인공과 내 친구와 닮은점이 있는지 소개해 보자.

독서감상문 쓰기

책제목 _____
지은이 _____
출판사 _____
읽은 날짜 _____

✱ 줄거리와 본받을 점을 써보자.

제목:

이야기 줄거리:

본받을점:

엄마와 함께하는 동화

책제목

지은이

출판사

읽은 날짜

* 읽은 책에 대하여 엄마 혹은 아빠와 이야기를 나누자.

나의 느낌	엄마(아빠)의 느낌

다음에 읽고 싶은 동화책

다음에 읽고 싶은 동화책

우리 같이 생각한 일(다짐, 각오, 약속 등)

일기쓰기

책제목 _____
지은이 _____
출판사 _____
읽은 날짜 _____

✱ **주인공이 되어 기억에 남는 날의 일기를 써보자.**

　　　　　년　　월　　일　　요일　　날씨

이야기 이어 그리기

책제목 _____
지은이 _____
출판사 _____
읽은 날짜 _____

✽ 일어난 사건을 차례대로 늘어놓고 이어 그리자.

신문 읽기

책제목	
지은이	
출판사	
읽은 날짜	

✻ 신문 읽기도 독서! 신문을 오려 붙이고 느낌을 써보자.

제목:

오늘 신문에 실린 사람이나 중요한 사건의 사진을 오려 붙여보자.

● 이 사람이나 사건이 오늘 신문에 실린 이유를 써보자.

● 이 사람에게 묻고 싶은 이야기나 사건에 대한 자신의 생각과 느낌을 써보자.
  (하고 싶은 말이나 바라는 말을 써도 좋아요.)

내가 좋아하는 동시

책제목
지은이
출판사
읽은 날짜

* 좋아하는 동시를 적어보고, 어울리는 그림도 그려보자.

상장을 드릴게요

책제목 _____
지은이 _____
출판사 _____
읽은 날짜 _____

※ 등장인물의 훌륭한 점을 생각해보고 상장을 만들어보자.

상 장

이름

위 사람은

20   년   월   일
제   학년   반

2분 스피치

책제목 _____

지은이 _____

출판사 _____

읽은 날짜 _____

✽ 책의 줄거리를 2분 이내로 요약해서 발표해보자.

책을 광고해보자

책제목 _____
지은이 _____
출판사 _____
읽은 날짜 _____

✱ 내가 읽은 책을 소개하는 광고를 만들어보자.
  알리고 싶은 말을 잘 생각해서 쓰고, 그림이나 사진도 넣어보자.

알리고 싶은 내용

_____
_____
_____
_____
_____
_____

광고 그림 혹은 사진

나도 꼬마 작가

책제목 _____
지은이 _____
출판사 _____
읽은 날짜 _____

✽ 책의 뒷이야기가 어떻게 될지 상상해서 써보자.

선물을 드릴게요

책제목	
지은이	
출판사	
읽은 날짜	

✱ 주인공에게 주고 싶은 선물을 적고, 그 이유도 써보자.

 내가 주고 싶은 선물

 선물을 주는 이유

동화 인터뷰

책제목
지은이
출판사
읽은 날짜

✱ 주인공을 만나 물어보고 싶은 것을 써보고, 내가 주인공이면 어떻게 대답할지 써보자.

질문(기자이름:)	대답(주인공이름:)

나라면 이렇게 했을 거예요

책제목 _____
지은이 _____
출판사 _____
읽은 날짜 _____

✽ 일어난 사건에 대해 내가 만일 주인공이라면 어떻게 했을지 생각해보자.

이런 경우엔(언제, 어디서, 누가, 무엇을, 어떻게, 왜)
_____
_____
_____

이렇게 했을거예요(긍정적인 나의 생각)
_____
_____
_____

이런 경우엔(결과)
_____
_____
_____

이렇게 했을거예요(부정적인 나의 생각)
_____
_____
_____

나와 주인공의 비슷한 점 찾기

책제목
지은이
출판사
읽은 날짜

✶ 주인공과 나를 비교하여 비슷한 점과 다른 점을 찾아보자.

비슷한 점　　　　　　　　　　다른 점

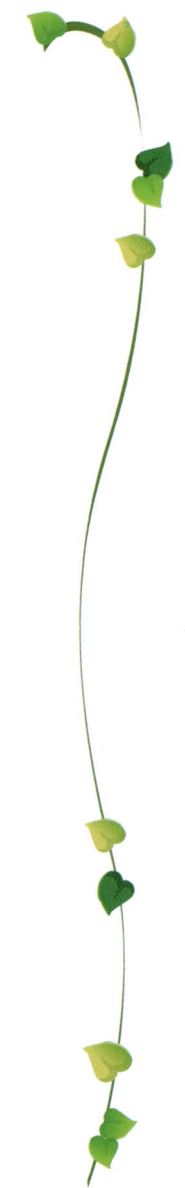

견학일지

책제목	
지은이	
출판사	
읽은 날짜	

✱ 박물관, 미술관, 유적지 등 체험학습한 내용을 써보자.

제목	
견학한 날	년 월 일 (요일)
견학 장소	
견학 목적	
견학 내용(사진, 그림, 실제로 해본 것 등)	
알게 된 것/느낀 점	
더 알고 싶은 것	
참고도서(약도, 안내지 등)	

내가 뽑은 좋은 동화책

책제목

지은이

출판사

읽은 날짜

✽ 읽은 책 중에서 가장 좋았던 책을 적고, 그 이유를 써보자.

⭐ 기억에 남는말

⭐ 좋은 이유

작가에게 편지쓰기, 작가가 되어 답장 써보기

책제목
지은이
출판사
읽은 날짜

✳ 독자로서 작가에게 편지를 써보고, 내가 작가의 입장이 되어 독자에게 답장을 써보자.

존경하는 작가 선생님께 　　　　　　　　내 글을 사랑하는 친구에게

독자 ○○○ 올림 　　　　　　　　　　　　　　　　작가 ○○○

등장인물에게 별명을

책제목
지은이
출판사
읽은 날짜

❋ 읽은 책에서 등장인물 각각의 성격에 맞게 별명을 지어주자. (그 이유와 함께)

기자가 되어 기사문 작성

책제목 _____
지은이 _____
출판사 _____
읽은 날짜 _____

✱ 신문에서 오린 사진 기사를 보고 상상하여 6하원칙(누가, 언제, 어디서, 무엇을, 어떻게, 왜)에 의해 기자가 되어 기사문을 작성해보자.

그림과 함께 만드는 글

책제목
지은이
출판사
읽은 날짜

✱ 읽은 문장에서 단어를 그림으로 바꿔 재미있는 글을 써보자.

예) 산에는 새들이 노래해요.

➡ 🏔에는 🐟들이 🎵해요!

낱말 퍼즐 만들기

책제목

지은이

출판사

읽은 날짜

✽ 책을 읽고 난 후 낱말 퍼즐을 만들어 보세요.

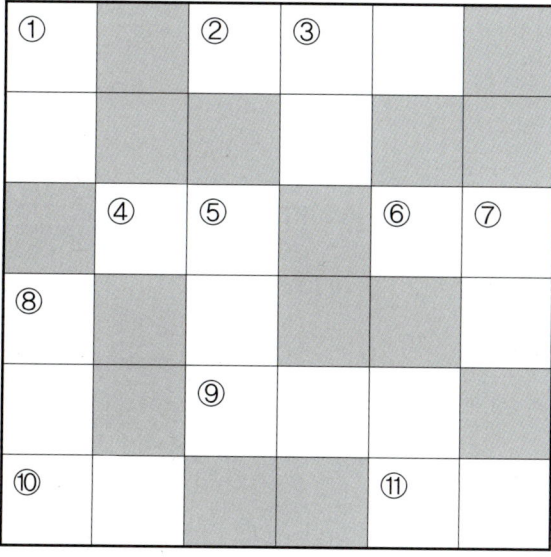

가로 열쇠
②
④
⑥
⑨
⑩
⑪

세로 열쇠
①
③
⑤
⑦
⑧

명언 노트 만들기

책제목 _____
지은이 _____
출판사 _____
읽은 날짜 _____

✱ 책 속에 나오는 주인공의 명언을 뽑아서 적어보자.

책에 나오는 명언

응원 메시지

책을 읽고 내가 만든 명언

듣고 싶은 말, 듣기 싫은 말

책제목
지은이
출판사
읽은 날짜

✻ 이 책에 나오는 인물들이 듣고 싶어 하는 말과 듣기 싫어하는 말을 적어보자.

	듣고 싶어하는 말	듣기 싫어하는 말
등장인물 1		
등장인물 2		
등장인물 3		
등장인물 4		
등장인물 5		

나의 성장 나무 가꾸기

책제목	
지은이	
출판사	
읽은 날짜	

✱ 나의 성장 과정에 대해 생각해보고 써보자.

1) 나의 뿌리(나를 지탱하게 하는 것)

2) 나의 가지(영향을 준 것 → 인물, 선생님, 가족…)

3) 나의 잎(미래의 꿈을 키우기 위해 오늘도 노력하고 있는 것들)

4) 나의 열매[싱싱한 열매(나의 장점들), 썩은 열매 (버려야할 단점들)]

포부 명함 만들기

책제목	
지은이	
출판사	
읽은 날짜	

✽ 주인공에게 포부명함을 만들어주자.

〈앞면〉

이름:

현직:

주소:

〈뒷면〉

포부:

실천과제:

등장인물 표현하기

책제목
지은이
출판사
읽은 날짜

✱ 책에 나온 등장인물을 다음 내용에 따라 표현해 보자.

표현/이유	등장인물 1	등장인물 2	등장인물 3
나무			
이유			
꽃			
이유			
내			
이유			
색깔			
이유			
계절			
이유			
동물			
이유			
음식			
이유			

주인공의 자랑거리 써보기

책제목

지은이

출판사

읽은 날짜

* 책의 내용을 바탕으로 주인공의 자랑거리를 적어보자.

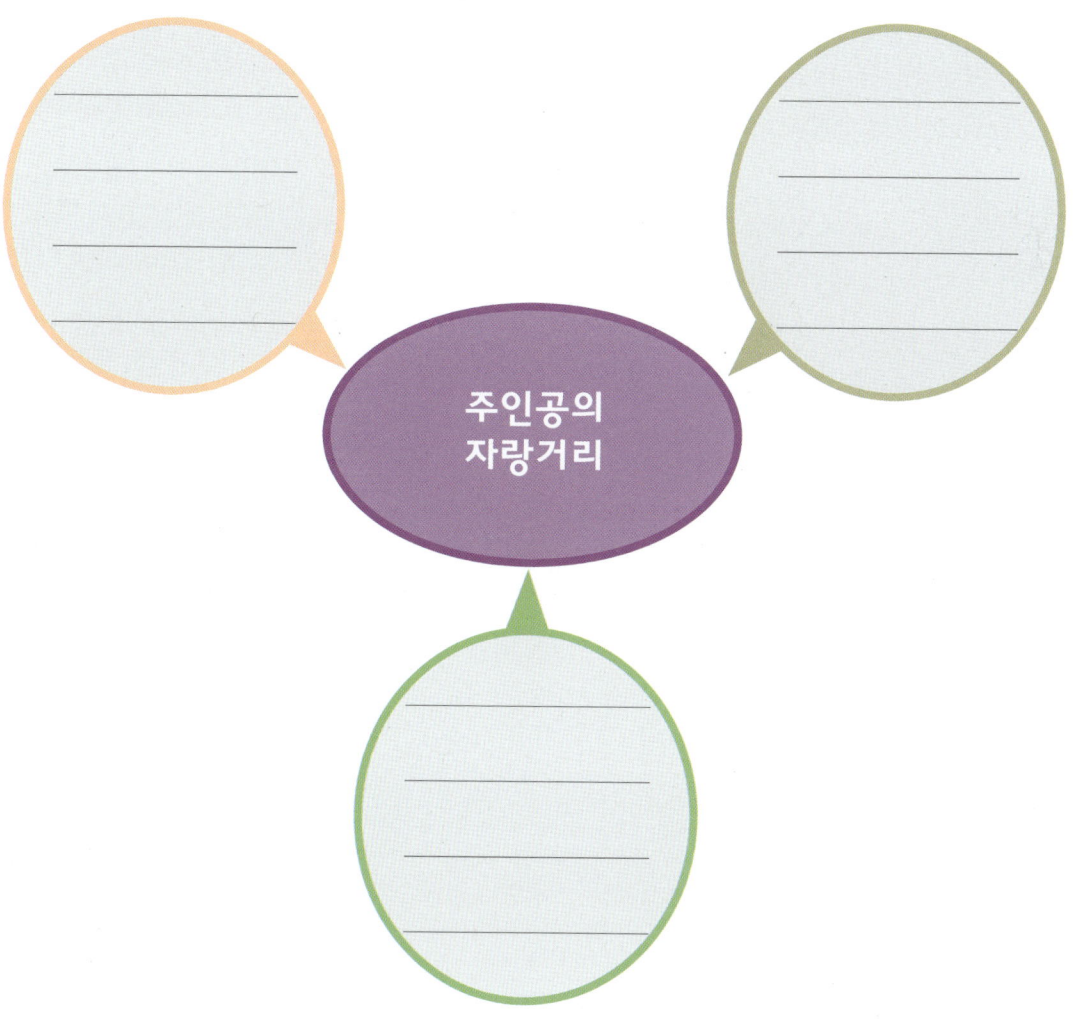

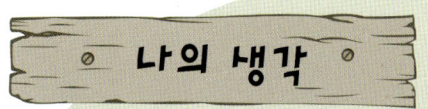 나의 생각

내가 만일 초능력자라면 어떤 일이 생길까요? 또 무엇을 할까요?

365일 다양한 책을 읽고 있죠? 우리의 생각은 많이 컸어요!
매일 반복하는 운동으로 우리의 몸이 건강해지듯 많은 책을 읽어서
다양한 독서 후 연습으로 우리의 창의적인 생각이 쑥쑥 자라죠!

이제는 다양한 생각으로 글을 써보세요!

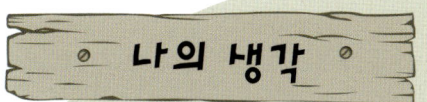
나의 생각

내가 만일 대통령이라면 우리나라를 어떤 나라로 만들지 생각해보세요!

365일 다양한 책을 읽고 있죠? 우리의 생각은 많이 컸어요!
매일 반복하는 운동으로 우리의 몸이 건강해지듯 많은 책을 읽어서
다양한 독서 후 연습으로 우리의 창의적인 생각이 쑥쑥 자라죠!

이제는 다양한 생각으로 글을 써보세요!

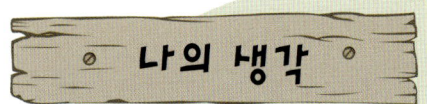

발가락의 대화

양말 속에, 신발 속에 갇혀진 발가락들이 하고픈 말을 상상해서 써보세요.

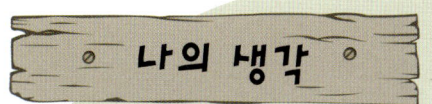 나의 생각

어떻게 할까요?

청소를 하다가 아빠가 아끼시는 도자기 화병을 깼어요. 어떻게 할까요?

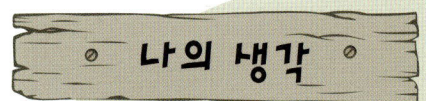

어떻게 할까요?

주위에 사람이 드문 곳에서 자동차가 고장났어요! 어떻게 할까요?

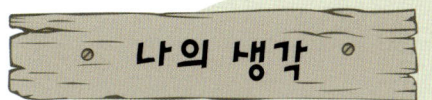

좋아하는 TV 프로그램, 만들고 싶은 TV 프로그램

내가 좋아하는 TV 프로그램은 무엇이 있을까요? (이유와 함께)
내가 만들고 싶은 TV 프로그램이 있다면 어떤 것이 있을까요?

초등생을 위한 추천 도서목록

(2007~2014년도)

분류	도서명	지은이	출판사	출판연도
가족 (저학년)	가족을 깜박한 날	다니엘르 시마르	개암나무	2014
	발레하는 할아버지	신원미	머스트비	2013
	엄마는 게임 수업 중	박현숙	좋은책 신사고	2013
	나도 예민할거야	유은실	사계절	2013
	엄마 아빠 때문에 힘들어	샤를로트 갱그라	작가정신	2012
	사랑해 너무나 너무나	저스틴 리처드슨	담푸스	2012
	소파에 딱 붙은 아빠	박설연	김영사	2011
	왕창 세일! 엄마 아빠 팔아요	이용포	창비	2011
	우리 형이니까	후쿠다 이와오	미래엔컬처그룹	2010
	초강력 아빠 팬티 :세상에서 가장 위대한 아빠 이야기	타이-마르크 르탄	아름다운사람들	2010
	엄마의 슬픈 날 :마음의 병을 가진 부모와 사는 아이들을 위해	시린 호마이어	문학동네	2009
	동갑내기 울 엄마 : 부모와 자녀가 함께 읽는 동화	임사라	나무생각	2009
	엄마 아빠 싸우지 마세요	다그마 가이슬러	경독	2009
	세상에서 가장 좋은 선물	신시아 라일런트	푸른책들	2009
	우당탕 삼남매	강무홍	시공사	2007
가족 (고학년)	변신	박서진	바람의 아이들	2014
	가족을 주문해 드립니다	한영미	살림출판사	2014
	5대 가족	고은	바우솔	2014
	가족연습	린다 몰라리 헌트	개암나무	2014
	빨간 꽃	최은영	시공주니어	2014
	만리장성 가는 길	유효진	아이엔북	2013
	엄청나게 시끄러운 폴리케이야기1, 2	휘스 카위어	비룡소	2011
	종이 친구	엘렌 몽타르드르	주니어 김영사	2011
	염소가 사라진 길	로사 조든	산수야	2010
	세상의 모든 아들 딸들에게 보내는 아빠의 파이팅 편지	박성철	조선일보교육미디어	2010
	마지막 이벤트	유은실	바람의 아이들	2010
	나는 파업중이에요	아멜리 쿠튀르	교학사	2009
	아빠가 나타났다	이송현	문학과 지성사	2009
	나는 뻐꾸기다	김혜연	비룡소	2009
	난 가끔 엄마 아빠를 버리고 싶어	발레리 다이르	미래 M & B	2008
	안녕, 스풍나무	하은경	문학동네	2007

초등생을 위한 추천 도서목록

분류	도서명	지은이	출판사	출판연도
나 (저학년)	실수하면 어떡하지?	엘런 플래너건 번스	개암나무	2014
	아주 머나먼 곳	모리스 샌닥	시공주니어	2014
	미움 일기장	장희정	위즈덤하우스	2013
	나는 내가 참 예뻐	박혜숙	위즈덤 하우스	2013
	꼬마 사서 두보	양연주	키다리	2013
	잘 자라라 내 마음	윤아해	위즈덤 하우스	2013
	마주보면 무섭지 않아	질 티보	어린이작가정신	2013
	아홉 살 독서왕	서지원	예림당	2012
	나는 어린이입니다	콜라스 귀트맘	베틀북	2012
	내맘도 모르면서	이마모토 쇼지	책읽는 곰	2011
	못하면 어떡해? : 자신감있는 아이로 길러주는 책	최형미	위즈덤하우스	2011
	세상을 바꾼 아이	앤디 앤드루스	밝은 미래	2011
	나는 나의 주인	채인선	토토북	2010
	얼굴이 빨개져도 괜찮아	로드 몽루부	살림출판사	2010
	사랑과 사랑	오스카 브로니피에	미래 M&B	2009
	제인의 분홍이불	아서 밀러	살림출판사	2009
나 (고학년)	감꽃이 별처럼 쏟아지던 날	우현옥	개암나무	2014
	아프리카의 편지	샐린 그린들리	봄나무	2014
	앵무새 돌려주기 대작전	임지윤	창비	2014
	해피 머시기데이	핀 올레 하인리히	라임	2014
	괜찮아 괜찮아 자신감을 가져도 괜찮아	웬디 L. 모리스	길벗 스쿨	2013
	어떤 아이가	송미경	시공주니어	2013
	개임왕	선자은	문학과 지성사	2013
	시간가게	이나영	문학동네	2013
	서툴러도 괜찮아	카렌 쿠시맨	다른	2011
	나무를 심은 사람	장 지오노	새터	2011
	열두살 내인생의 헛발질	노혜영	주니어 김영사	2010
	걱정을 걸어두는 나무	마리안느 머스그로브	책속 물고기	2010
	쉿! 비밀이야	마리안느 머스그로브	책속 물고기	2010
	그 누구보다 특별한 나	노라 롤리 배스킨	개암나무	2010
	괜찮아 괜찮아 슬퍼도 괜찮아	제임스 J.크라이스트	길벗스쿨	2010
	책과 노니는 집	이영서	문학동네 어린이	2009
	나는 진짜 나일까	최유정	푸른책들	2009
	뒤죽박죽 이야기꾼 파울리네	제임스 크뤼스	중앙북스	2009
	꿈을 찾아 한 걸음씩	이미애	푸른책들	2009
	분노 폭발	에르빈 그로쉬	한림출판사	2008
	행운을 부르는 아이, 럭키	수잔 패트런	서울교육	2007
	내가 점점 좋아져	아베 나쓰마루	큰북 작은북	2007

초등생을 위한 추천 도서목록

분류	도서명	지은이	출판사	출판연도
친구/ 학교 (저학년)	월수금과 화목토	로트라우트 수잔네 베르너	계수나무	2014
	학교가 문을 닫았어요	박효미	아이세움	2014
	보이지 않는 아이	트루디 루드위그	책과 콩나무	2013
	그림자 길들이기	최은옥	교학사	2013
	절대 용서 못해	김율희	꿈소담이	2013
	회장이 되고 싶어	송아주	상수리나무	2013
	쉿! 너만 알고 있어	박현숙	좋은책 어린이	2013
	티라노 초등학교 :혼자서도 잘하는 1학년 학교 생활	서지원	키다리	2012
	희망이 내리는 학교	제임스 럼포드	시공사	2012
	몰래 버린 실내화 한짝	황규섭	문공사	2011
	학교 다니기 싫어	김정희	랜덤하우스코리아	2011
	친구 몰래	조성자	좋은책 어린이	2010
	우리반 선플 특공대	고정욱	북스토리 아이	2010
	선생님만 보세요 : 학교에 가지 못하는 10가지 이유	에이미 허즈번드	삼성당	2010
	내친구 조이	표지율	대교출판	2010
친구/ 학교 (고학년)	꼴두기	진형민	창비	2013
	5학년 5반 이이들	윤숙희	푸른책들	2013
	열한살의 가방	황선미	조선애듀케이션	2012
	안녕, 그림자	이은정	창비	2011
	나는 말더듬이에요	이윤학	주니어 RHK	2010
	우리 옆집에 요정이 산다	제닛 테일러 라일	뜨인돌출판사	2010
	소리없는 아이들	황선미	웅진씽크빅	2010
	내푸른 자전거	황선미	웅진씽크빅	2009
	내 친구를 찾아서	조성자	시공사	2009
	잘못 뽑은 반장	이은재	주니어 김영사	2009
	최악의 짝궁	하나가타 미쓰루	김영사	2008
	6학년 1반 구덕천	허은순	현암사	2008
	나와 조금 다를 뿐이야	이금이	푸른책들	2008
	성적표	앤드루 클레먼츠	웅진씽크빅	2007

초등생을 위한 추천 도서목록

분류	도서명	지은이	출판사	출판연도
인물	혜곡 최순우 :무량수전 배흘림기둥의 아름다움을 전한	이혜숙	샘터사	2013
	허준과 동의보감	공정희	채운어린이	2013
	백번 읽어야 아는 바보 :백곡 김득신이야기	김흥식	파란자전거	2013
	정약용아저씨의 책 읽는 밥상	김선희	주니어 김영사	2013
	아리스토텔레스아저씨네 약국	박현숙	주니어 김영사	2013
	셰익스피어 아저씨네 문구점	신영란	주니어 김영사	2013
	공자아저씨네 빵가게	김선희	주니어 김영사	2012
	마더테레사 아줌마네 동물병원	김하은	주니어 김영사	2012
	소크라테스 아저씨네 축구단	김하은	주니어 김영사	2012
	톨스토이 할아버지네 헌책방	권안	주니어 김영사	2012
	피카소 아저씨네 과일가게	신영란	주니어 김영사	2011
	우리 신부님, 쫄리 신부님	이채윤	북오션	
	안녕하세요 장자 :장자에게 배우는 큰 생각 큰마음 이야기	김정빈	처음주니어	2010
	제인구달이야기 :초록별 지구에 싹튼 희망	조영권	웅진씽크빅	2010
	김수환 추기경의 여섯 가지 선물	김현태	국일아이	2009
	검은땅에 핀 초록빛 꿈 :노벨평화상 수상자 왕가리 마타이 이야기	클레어 A. 니볼라	베틀북	2008
	달팽이 박사 권오길 이야기	이상권	봄나무	2007

1. 추천 도서목록은 기존 목록에서 새롭게 2007~2014년 사이에 출판된 도서들을 위주로 직접 읽고 정리한 목록이다.
2. 추천 도서를 선정한 기준은
    1) 국립 어린이·청소년 도서관 추천 도서
    2) 행복한 아침 독서 추천 도서
    3) 책으로 따스한 세상 만들기(책따세) 추천 도서
    4) 인터넷 서점(yes24, 교보문고, 영풍문고, 알라딘문고) 추천 도서에서 중첩되는 도서를 위주로 선정하였다.

감수   한복희
이화여자대학교 도서관학과 및 동 대학원 졸업(문학석사)
영국 러프러버대학교 정보학대학원 졸업(정보학 석사)
성균관대학교 대학원 도서관학과 졸업(문학 박사)
現 충남대학교 문헌정보학과 명예교수
現 한국독서클리닉센터장

저서 「초·중학생 독서지도를 위한 상황별 도서목록」, 랭기지플러스, 2006
「독서 전문가들이 권하는 내 아이가 꼭 읽어야 할 그림책」, 랭기지플러스, 2006
「초등학생 독서와 논술」, 도서출판 Notebook, 2005
「독서클리닉의 이론과 실제」, 한국도서관협회, 2005
「독서교육의 이론과 실제」, 한국도서관협회, 1999

◆ 한국독서클리닉센터는 충남대학교 사회과학연구소 부설 센터입니다. 센터장은 문헌정보학과 한복희 교수입니다. 연구원들은 충남대학교 평생교육원을 수료한 독서지도사와 독서치료사들입니다. 센터의 활용내용으로는 독서진단지도를 통한 독서교실 운영, 방학 중 집중 독서지도 프로그램을 운영하고 있습니다.
홈페이지 http://www.readingclinic.info

독서노트 365

초판발행	2006년 6월 25일
개정판발행	2015년 3월 5일
개정판 10쇄	2025년 1월 27일
저자	한국독서클리닉센터
편집	권이준, 김아영
펴낸이	엄태상
콘텐츠 제작	김선웅, 장형진
마케팅본부	이승욱, 왕성석, 노원준, 조성민, 이선민
경영기획	조성근, 최성훈, 김로은, 최수진, 오희연
물류	정종진, 윤덕현, 신승진, 구윤주
펴낸곳	랭기지플러스
주소	서울시 종로구 자하문로 300 시사빌딩
주문 및 교재 문의	1588-1582
팩스	0502-989-9592
홈페이지	http://www.sisabooks.com
이메일	book_korean@sisadream.com
등록일자	2000년 8월 17일
등록번호	제300-2014-90호

ISBN 978-89-5518-650-5 73370

* 이 책의 내용을 사전 허가 없이 전재하거나 복제할 경우 법적인 제재를 받게 됨을 알려 드립니다.
* 잘못된 책은 구입하신 서점에서 교환해 드립니다.
* 정가는 표지에 표시되어 있습니다.